DIÁLOGO ENTRE ESPOSOS

EOLAS
ediciones

DIÁLOGO ENTRE ESPOSOS

Miguel Rojo

*Nunca amamos a nadie:
amamos, sólo, la idea que
tenemos de alguien.*

Fernando Pessoa

*A menudo lo que más deseas
es lo que siempre has tenido.*

Francisco de Quevedo

Si lo recuerdo y lo recuerdo bien
en realidad
no sabíamos nada cuando iniciamos este viaje
sólo queríamos ser libres el uno junto al otro
dos viajeros unidos frente a la tempestad del mundo.
¿Suena bien, verdad?
Dos viajeros en busca de una ciudad donde el amor fuera
tan necesario como el agua
o el aire
la palabra.
¿Recuerdas que lo hablamos? Lo comentamos muchas veces.
Pero es difícil encadenar al amor. Por suerte eso entonces
no lo sabíamos.
Más difícil aún soportar las arrugas del corazón.
No hay viagra para la flácida piel del corazón y tampoco
para las cicatrices color vino que lo cubre
el mismo color por donde navegó el presuntuoso Ulises
con sus compinches de parranda.
¿Recuerdas que lo leímos en la buhardilla de Toño
en aquella cama de latón que había sido de su abuela
y sonaba como un tiro de yeguas enjaezadas
cada vez que follábamos sobre ella?

Pero el amor es un viaje de tan arduo pronóstico
como una enfermedad desconocida
y sin embargo es la enfermedad más vieja del mundo
y sin embargo ahí seguimos, pequeño barco a la deriva,
cargando con nuestro amor.

Nunca olvidaré el olor.
¿Te acuerdas de la primera vez que lo hicimos?
Era verano y la hierba recién segada dejaba aquel aroma
en el aire, el embriagador olor… (Nadie puede imaginar lo
que es amarse bajo la satinada fragancia del estío si no lo ha
hecho alguna vez).
Me abrazaste y levantaste la blusa y allí los pechos. Yo
entonces la cogí y la besé con la aplicación de una meretriz
desvergonzada… (¡Eh, eh, cuidado con la refinada traición
de las palabras! ¿Es que todas las mujeres que lo hacen son
putas, tu madre y la mía también? ¿Qué me dices a esto?).
La tarde se desplomaba a nuestros pies como un gato
enfermo y también allá... en las montañas donde el cielo
amenazaba coagularse.
Y entonces dijiste, lo recuerdo perfectamente:
"Cuando regrese de la guerra con la chaqueta cargada de
medallas me casaré contigo".
¿Te acuerdas?

Fue la primera vez que lo hicimos.
Y luego lloré, no sé por qué, y tú sorbiste mis lágrimas como
si fueran gotas de lluvia con sabor a limón y a fresa. Así
dijiste que sabían.
Fue muy hermoso.

Mi madre me escondía tus cartas. (Mi madre era una bruja como tú bien sabes). En una ocasión leyó una que decía que el aire de Biarritz (¡no sé qué coño hacías allí!) estaba cuajado de polen que llevaba mi nombre y el olor de mi piel y esas cosas, y ella me pidió que buscara un hombre de verdad, que Dios me librara de la belleza engatusadora de un poeta.

Lo recuerdo. El poema decía:
Si pudiera buscar un rincón, amor, donde soñarte
tu cabello al viento
la boca de tu voz
la tibia curva del cuello
el repliegue de tu risa
el perfume azul de la piel
el canto certero de tu sexo
aquí te traería
donde el mar bate la inercia de la costumbre
a los acantilados de piedra te traería
las doradas playas de Biarritz
donde el polen del aire y hasta la misma sal

llevan tu nombre
y me obligan a ti.

Mi madre me enfrentó a su sabiduría vieja (no a su
sabiduría de vieja, ¡ojo!), al chantaje permanente de las
habitaciones empapeladas con jarrones y flores, los espejos
dorados, las camitas de princesa de cuando venía a darme
el beso de buenas noches y yo olía el aroma de su piel y era
como si nada en el mundo estuviera fuera de sitio.

¿Sabes lo que pienso, querida?
El mundo no sería igual si hubiéramos seguido
los tristes viejos consejos de los viejos.
Hablan revestidos por el traje de su fatua experiencia
por el recuento exacto de sus fracasos.
Jamás habríamos salido de la caverna para ver la belleza
de los danzantes, su desvergonzado meneo de caderas,
el sexo atravesado por la espina del deseo.
El emperador siempre acaba por cortar la cabeza
de aquellos que más quiere.
Nerón también era poeta y viejo de corazón
y guardaba sus saladas lágrimas
en búcaros de cristal, dicen.

Se creía muy experimentado, el gilipollas.
C'est la vie.
Por suerte tu madre se fue a la tumba con sus consejos
de vieja arrojados vanamente
en la escupidera del tiempo.

Dicho lo cual nada impide que mi madre tuviera razón.
Su razón.
Pocas armas tan eficaces para hacer bailar el corazón de
una mujer como la palabra, tu palabra engatusadora de
poeta.
Eso pienso.
Y sintiéndolo y volviéndome más prosaica, querido, te diré
que tu hijo mayor ha suspendido matemáticas y ayer hizo
novillos.
¿Será necesario algún viejo consejo de su experimentado
padre?

A veces follamos
y salto sobre tu barriga como el sapo de Clarín
lo que supongo no es nada original pero nos gusta.
Esto último lo sabemos sin suposición alguna, ¿verdad?
Aunque ya nada es lo que era.
Podría empezar por ahí:
nada nunca resulta como soñamos.
Cuando era joven me deleitaba con aprehender la vida
y devorarla y luego escupirla como un caramelo
en su intacto envoltorio de plástico.
Las noches algunas con todos y cada uno de sus pespuntes
y los besos como una sábana cubriendo nuestros cuerpos.
Un día —una noche— dije María y era Lustinda y otro hola
y era adiós.
¿Cómo habré de amar la memoria sin nombres?
¿Cómo reconocer de las partes el todo de aquellas
a las que deseé?
¿A quién atribuir bocas y pechos y gemidos y te quieros?
¿Continúo?
Al menos a ti te distingo y sé tu nombre
y lo hacemos sobre la cama matrimonial
y eso reconforta aunque tampoco sea nada original.

*Todos hemos amado, a todas nos han querido y deseado
y a algunos nos hemos dado lascivas como conejas sin
esperar anillos de compromiso.*

¿Crees que sólo tú fuiste el elegido?

¿Crees que sólo tú tienes húmedos recuerdos, querido?

*¿Recuerdos tan derruidos como los coches que duermen en
los desguaces, apenas chatarra de olvido?*

¿Así piensas?

Ese es tu calvario y no el mío.

*Hemos mudado de piel varias veces como para que me
vengas con esas: los desvanes están llenos de juguetes rotos.
Y yo también poseo los míos, no lo olvides. Pero tengo el
decoro de no exhibirlos en pareja.*

Me desperté y salí corriendo hacia el cuarto del niño.
Había oído la ausencia del ruido.
Me tiré de la cama y fui a su habitación y allí la vi.
Estaba de pie contemplándolo, el gesto pétreo de monolito, la
apariencia de animal antiguo, pez de llanura abisal, la trágica
sonrisa en la boca.
¿Eres la muerte?, le pregunté.
El miedo me paralizaba y pensé dónde estará el teléfono para
llamar al 112: ¡¡Tengo la muerte en casa dense prisa por favor!!
Soy tú, me contestó.
Y allí estaba yo en medio del cuarto contemplando mis manitas
y mis rizos y mis ojos cerrados, soñándome de vieja.
Y era una tristeza infinita.

Ven y acuéstate. Sólo ha sido una pesadilla.

Lo sé, lo sé.
Como sé que las pesadillas son el espejo al que debemos
asomarnos para descubrir lo que en realidad somos.
Sin maquillaje, sin palmaditas en la espalda.
Si sólo poseyéramos corazón no tendríamos pesadillas, pero
están los ojos.

Y ahí estás desnuda en tu sueño
sobre la cama tendida
desarmada de toda prevención y yo te espío
libre en tu belleza
en la curva de tus rodillas
en la piel que te envuelve como un regalo
en tus pechos
y en la boca que sueña palabras nunca antes dichas
por boca alguna
y tu pelo sobre la almohada
y la mano al hueco de mi mano
y ese vientre preciso
y esos muslos donde ansío romperme
como el frágil cristal que soy.
¿Quién que haya vivido ha podido dejar de amar alguna vez
todo esto que digo?
¿Quién que te haya conocido como yo lo he hecho
podría dejar de quererte?

Creo que entiendo hacia donde pretendes ir con tu verso
fácil.
Tus tretas de poeta hoy no te servirán.

¡Déjame dormir!

No lo puedo evitar.
Ni quiero.
Y ya te aviso. Mi consigna es clara:
¡Incendiarte entera para que me quemes entre tus brazos!

Me entristecen ciertas cosas. Por ejemplo.
Teníamos una idea precisa de lo que queríamos.
Yo quería ser poeta.
Tú querías ser cantante o actriz y aquello era
como quemarse
en luz cada vez que lo decíamos a los colegas.
Había mucho amor en esa voluntad.
Permíteme que me ponga estupendo: yo deseaba
reventar el mundo, rodearlo con un cinturón explosivo
de adjetivos y sustantivos
de metáforas y flores
de altruismo gramatical
y hacerlo volar con mis versos
y que los enamorados se amasen hasta arder
y los locos se volvieran locos de soltar
y los reyes sonrieran en sus cabezas guillotinadas
y los ejecutivos con sus lustrosos zapatos italianos
y los desposeídos se cubrieran con mi verbo
y las esposas se lo leyeran a sus amantes
y los presos lo regalaran en la clandestina oscuridad a sus
/carceleros
y decir la hermosura del mundo con mi poesía.

Pero al final, ya ves, todo en nada, apenas versos de saldo
que leer en los recitales
ante un público que mira el reloj.

Lo mío se fue todo a la mierda el día en que el cartero (¿A
ti te llamaba el cartero? A mí nunca me llamó ni una ni dos
veces como a la Jessica Lange) dejó una carta en el buzón
que decía muy mi querida y apreciada señora cantante o
actriz o lo que sea tiene de plazo una semana para ingresar
en esta cuenta el importe de 148,45 € o le cortaremos la luz
atentamente.

Consolémonos como pobres:
Los sueños no cumplidos
son los únicos que merece la pena no olvidar.

Estamos en la sabana las largas extensiones de yerba
y todo eso
a los pies del Kilimanjaro por donde paseó Heminway
con su larga barba de hipster.
Todo va bien. Todo pago. All inclued.
Y el sol rodando como una roja sandía sobre el borde
del mundo y aquello nos hacía sentir especiales.
Todo va bien. Todo pago. All inclued.
Las fotos, los gin-tonics tras la cena con traje de etiqueta
y este maravilloso ambiente snob de camareros
negros repitiendo bwana bwana
todo tan distinguido y de película en blanco y negro hasta…

Hasta que llegó el disparo.
Pensé que era una equivocación.
La gacela estaba tendida en el suelo pero respiraba aún
y al agacharme me vi reflejada en su ojo. Allí estaba yo
mirándome. Y era un ojo como un pozo y al fondo mi cara
y eso era lo que precisamente ella estaba viendo en su
jodido último suspiro:
Mi estúpida y maquillada cara de turista blanca con
protector del 10 que había viajado hasta allí para que Tú le

dispararas igual que podías haber metido una moneda en
la máquina de tabaco, con la misma facilidad, un apretar el
botón o un gatillo pim pam pum fuego.
No supe qué hacer ni cómo reaccionar.
Lo que me impresionó fue su mansa aceptación de la
muerte.
Lo que más me desconcertó.
Si hubiera tratado de huir, de atacarme, pero allí estaba su
absoluta resignación a la vida, a la evitable muerte.
La dignidad era ella, no yo y menos tú.

Compongamos una elegía. Es lo único que nos faltaba.
¿Por qué no nos tomamos otra copa?

Mi único acto digno de ese viaje fue impedir que te llevaras
su cabeza como trofeo.
Nunca te detesté tanto.

Ya estamos llegando a la tragicomedia.
Gracias. Aplausos.
Ojalá no te despiertes nunca, amor. Lo digo muy en serio.
Quizás esto es lo único que nos salva
de ahogarnos en la ceniza de este incendio
voraz y pertinaz que es la vida
tú incondicional vocación de madreteresa.

Desde la cama del hospital se ve la colina. (El calendario dice que ya ha llegado la primavera). Parece un cuadro con el lenguaje de las flores rebosante, los pomares cargados de puntos rojos, pardos....

Le cuento a mamá lo de las manzanas y ella levanta la cabeza (su pelo blanco recogido con el prendedor que le regalé en su último cumpleaños, los finos labios, las manos que sobresalen de las mangas del camisón con sus dedos arrugados por la lejía de la vida), pero no encuentra las palabras.

Su mirada recuerda la de un perro cuando le hablas.

Te mira, parece que entiende pero no dice nada.

Para ella las cosas han dejado de ser cosas para ser quién sabe qué.

Un abismo abierto.

El abismo definitivo.

Un abismo donde ya nunca habrá manzanas ni recuerdos ni hija.

O risas.

¿Te das cuenta de que ya nunca ríe?

Quizás también olvidó la palabra risa.

Tampoco conoce palabras como

Desgracia

Miedo

Infelicidad

Muerte

Soledad

Vejez

Dolor

Fin

Piénsalo. Quizás te sirva de consuelo. No tengo más que darte.

Hoy me he pasado la mañana a la ventana.

Quise hacer recuento de la vida que vivía al otro lado.

Y lo he apuntado para no olvidarme.

Primero pasó un hombre corriendo con una cinta al pelo mirando cómo se movían sus zapatillas.

Luego llegó el cartero en su moto y aparcó delante del portal y llamó a un timbre y yo tenía la esperanza de que fuera el mío y me trajera una carta de amor.

Más tarde apareció una anciana con su perro; un perrito muy pequeño que llevaba un lazo azul en la cabeza y caminaba al lado del bastón de su ama y pensé que él también necesitaba otro bastón y tardaron mucho en desaparecer porque caminaban muy despacio como si no les importara llegar a ningún lado pues ya lo habían visto todo y siempre todos los lados eran el mismo lugar.

Luego vi llegar a un hombre y después a otro en sentido contrario con la bolsa de la compra y tras él una mujer con un maletín. Y los tres iban tan concentrados en sus cosas que no se miraron. Así que jamás sabrán que una mañana de mayo estuvieron unos al lado de los otros y eso es triste, ¿verdad? Entonces apareció un perro solitario. Era un perro grande que caminaba pesadamente como si fuera un caballo de cabeza oscilante. Era un animal cubierto de herrumbre que *no se detuvo a olisquear como hacen los otros perros. Sólo andaba de forma porfiada. Y aquello me produjo un golpe de tristeza en la barriga que es, como sabes, donde primero noto la pena.*

Pasaron también dos obreros con una escalera al hombro y se reían y tras la ventana cerrada se podía oír su risa y era como si lanzaran grava contra el cristal.

Y así estuve largo rato pensando en lo poco interesante que era la vida que había al otro lado de la ventana, y cuando ya me retiraba llegó aquel chico y tendió una cuerda entre las dos palmeras que hay en el parque y se quitó la camisa, su hermoso torso desnudo y bronceado, y se puso a hacer equilibrio con los brazos abiertos como un Cristo y yo deseaba que no se cayera pero siempre acababa haciéndolo hasta que logró mantenerse en pie largo rato y yo comencé a aplaudir y él levantó la mirada y entonces pensé que era el hombre más hermoso que había visto. Eso pensé mientras lo contemplaba alumbrada por el deseo. Un deseo que me subía por las piernas, violento y cárdeno y abrasador, como nacido del centro mismo de la Tierra. Me saludó con reverencia teatral y me pidió que abriera la ventana y cuando lo hice me preguntó si lo invitaba a tomar un café en casa.

¿Y lo hiciste?

No, pero me hubiera gustado tanto...

¿Sabías que Homero no distinguía el color azul
o que Magallanes habló de un hermoso puente
de hierro sobre las aguas del Douro
poco antes de morir asaetado en la isla de Mactán?
¿Lo sabías?
No sé por qué digo esto.

*Porque eres un pobre presuntuoso cargado de palabras que
se te caen del bolso como céntimos.*
*Así que no me hago ilusiones de que alguna mañana pueda
verme entre tus pensamientos. Además no me importa,
¿sabes?*
*Las palabras se esconden de tus metáforas para resurgir de
nuevo en la boca labios fresa de la que tanto te gusta y que
rapea sobre los muertos de no sé dónde como si estuviera a
punto de hacerte una mamada.*
Pero eso no es poesía y tú lo sabes, aunque te guste.

A veces te comportas como una pequeña avispa
con tus aguijoncitos y tu ruido molesto.
Pero sólo eso: una avispilla molesta que aplastar con mi dedo.

Te diré lo que he encontrado escrito en una libreta
una pequeña libreta de anillas de cuando era estudiante:
El escritor tiene dos vidas: la de escritor y la de hombre,
y no tienen por qué coincidir
El patriotismo es el último refugio de los canallas
La verdadera casa de un hombre es su infancia
Lo que nadie conoce es como si no existiese
Cualquier tiempo pasado fue anterior
Era tan pobre que sólo tenía dinero
Roman paladino (y algo más que no se entiende)
El amor como competidor de la literatura
Desvarío laborioso y empobrecedor escribir en 500 páginas
    una historia cuya perfecta exposición oral puede hacerse
    en pocos minutos
Pues aunque el resplandor de días pasados/se aleje para
    siempre de mi vista,/aunque nada ya pueda devolvernos
    la gloria/en la flor, el esplendor de la hierba,/la fuerza
    encontraremos,/sin llanto, en lo vivido

¿Y no dice nada de los maridos? Algo así como:
Los maridos siempre mienten.

Mentía cuando salía y mentía cuando entraba y mentía cuando se duchaba y también cuando comía espaguetis en el restaurante de la esquina.

¿Por qué no tiras del freno de emergencia y saltamos del tren?

¿Por qué no dices nada?

¿Por qué los maridos mienten, es por necesidad o por simple vocación de estúpidos?

¿Por qué tienes que bajar a los suburbios del corazón, a los desagües de las alcantarillas?

¿Para sentirte joven o porque te has vuelto adventista y esperas la venida de Quien te perdone, porque yo jamás lo haré?

¿Acaso es para encontrarte aún atractivo y varonil?

Ya llevamos medio verano con esto.

Yo no miento.

Y tus lágrimas sólo sirven para que te aborrezca.

¿Sabes lo que es una aporía? Una paradoja irresoluble.

El huevo o la gallina.

Tus celos o mi amor.

Te preguntarás por el látigo.
¿Vas con mujer? No olvides el látigo.
Nietzsche ya lo sabía.

Te recuerdo, querido, que Nietzsche lloraba abrazado a
los caballos de carga como si fueran ángeles bebedores de
cerveza.
Además, qué quieras que te diga, de llevar alguien el látigo
era Lou, la Lou Andreas-Salomé, y no el pobre sifilítico de
Nietzsche.

Abracemos pues nuestra propia danza
la danza de los látigos irreconciliables.
Quizás podríamos pensar en la danza del amor.
Estamos condenados a querernos igual que mantis voraces
mientras en el olvidado Tombuctú los negros bailan un vals
bajo estrellas que tú y yo
jamás podremos ni siquiera presentir.
Es todo lo que hay.
It´s all that there is como cantaba el viejo Leonard Cohen.
It is all.
Hay razones que sólo entiende la cabeza.

¿Has oído la noticia?
Hay un tipo por aquí que te quiere matar de sexo.

Mi pequeño niño lascivo.
Mentiroso. Embaucador. Hermoso. Loco. Desvergonzado.
Soñador. Aliado.
Por favor sálvame de mí misma y de los miedos y de las
dudas, de las esferas nocturnas, sus alargadas sombras y
cúbreme con tu mirada siempre.
Sé valiente y mátame… pero de amor.

Cuando estuvimos en Agrigento, ¿lo recuerdas?,
te cogí por la cadera entre la multitud
y besé el sudor de los desnudos hombros.
Tu belleza me quemaba.
La sombra de la amada esposa ascendiendo los peldaños
del templo griego, paso a paso, en la mañana de aquel julio
del 2007.
Tu risa se mezclaba con el viento que venía del desierto
y ardía la boca. Lo recuerdo perfectamente.
Y al fondo, como un decorado de cartón piedra,
la vieja ciudad donde nació Pirandello
el estridente canto metálico de las chicharras
en el olivar cercano.
Tú y yo.
¿Te acuerdas de aquel día?

*Lo recuerdo, claro. Si pudiera elegir un lugar. El lugar donde
sentí un orden celestial que hacía que todo estuviera en su
sitio, fue sin duda en Agrigento.*
*Era nuestro viaje de novios. Y ya estaba embarazada de
pocos meses.*

Y las lámparas de aceite en el camino que llevaba al hotel bajo el cielo estrellado. Y aquel largo beso, el cuerpo tendido en la playa, las olas en los pies y el mar, después de hacer el amor.

El convencimiento de que seríamos inmunes a las asechanzas de la vida y al paso del tiempo.

Dime que me querrás siempre.

Te querré siempre, dijiste y dibujaste un gran corazón en la arena con las iniciales de nuestros nombres.

Si regresáramos a aquella playa aún seguirán intactas las letras.

Estoy segura.

Creer en algo firmemente es razón suficiente para que exista.

Física cuántica.

El amor ha de tener algo de física cuántica por inexplicable, pero no por eso menos real.

Mientras regresaba en avión, atrás la planicie reseca
de Madrid, los pelados oteros color cobalto
al sol de este verano, pensé en ti.
Pensé, sin quererlo, en los otros cuerpos que amaste.
En las ondulaciones del goce extendiéndose por tus muslos.
Tu culo expuesto como una flor,
oh my lord,
el cáliz donde se vertieron.
Las repetidas y ciegas palabras del placer,
desnuda sobre inimaginables lechos.
Y he de confesar que me gustó.
Me hubiera gustado dolorosamente verte.
Yo también te quiero libre en tu pasado
como arroyo que brinca de peña en peña pero no mía
y todo eso.
Y más aún en este presente.
Eso pensé, te pensé, mientras el avión pasaba
sobre la llanura encendida de Avilés,
sus chimeneas flameantes, y te buscaba
tan imposiblemente cercana.
¿Qué une a dos seres tan distintos como este tú-yo?
Dicen que los dioses resuelven este tipo de dudas…

Los dioses no sirven más que para levantar dolor de cabeza
y manchar las calles de sangre.
Y también para que hablemos de ellos sin importarles lo
que digamos, como esas viejas estrellas caídas en el olvido
que acuden a los reality shows de las televisiones por cuatro
duros.
En cuanto a lo otro.
En cuanto a lo otro te diré que eres un tontito.
La memoria mía sólo mía es.
Tu aparente generosidad no me impresiona. Sólo me
produce la risa de las uvas ante la petulancia del zorro.
Ven y abrázame.
Te he echado de menos.
Y los niños también. Esperan tu regalo.
Y te diré más: los ojos de la esposa sólo desea la llegada
de la noche para comerte con todos mis (y sólo míos)
recuerdos.
Mi pequeño niño tonto.

No soy una mujer fácil y tú lo sabes.
Pero soy fecunda como sólo las hembras podemos serlo
sobre el lecho de la vida.
En eso he estado mientras te esperaba.
A veces pienso en mi madre y en todas las madres habidas
desde el reborde del mundo, los esfínteres contraídos por el
miedo, la sangre como abono. Y esa cadena interminable de
tenacidad bajo la palmera estrellada de la noche.
Es verdad que a veces me siento una mierda.
Pero pensar en mi maternidad me consuela. He cumplido
mi parte y me afirmo reconfortada.
Es lo que quería decirte.

¿Tú crees?
Las perras y las lombrices llevan miles
de años haciendo lo mismo.
No veo mérito. Y siento la comparación.
Somos pequeños autómatas obligados
a un orden superior con voracidad de persistencia.
Y el sexo es sólo el instrumento para lograrlo.
Las plantas por cierto también son víctimas
del mismo orden de cosas.

Más poético y perfumado y más elegante,
pero también sexo.
Unas cerditas las plantas, oiga.

No es equiparable. ¿Y el amor?

¡Vaya, creo que te estás poniendo trascendente!
El amor es el lazo de colores que lo envuelve todo
apenas el envoltorio del regalo que va dentro. Sólo eso.
El primoroso y satinado lazo al sexo.
El sexo sin lazo es solo eso: sexo.
Y perdona si me parezco al plastas de Coelho.
La dificultad consiste en elegir el lazo con el color apropiado
para la persona apropiada.
No hay más. Los románticos nos jodieron bien.

¿A ella también le hablaste de lazos?

¿Volvemos?
Está bien. Tú lo has querido: a ella nunca le hablé de amor.
A ella sólo la follé.
Siempre regresas con la insistencia de las polillas
a la luz donde acabas por quemarte.

Y quemarnos.

En tu propia sed de luz, de conocimiento, llevas la ceguera.

Saber mucho, a veces, es demasiado. Y creo

que ya he pedido perdón, también,

demasiadas veces.

Saber mucho nunca es todo.

Y el perdón, por cierto, no se regala: se conquista

Ha llegado el otoño. Lo acabo de presenciar.
Las hojas de los árboles y todo eso
mientras las ruedas de los coches pasan inclementes
sobre ellas.
Es triste ver este espectáculo.
El viento las lleva y las atrae a su antojo y hace remolinos
y las eleva y luego las deja caer
sobre los charcos o el asfalto, sobre las alcantarillas
donde parecen buscar refugio.
Trabajo para barrenderos
las cosas del otoño. Y poetas cursis.
Me deprime un poco todo esto.

¿Por qué no hablar de la belleza? Tú eres el poeta.
No todo son alcantarillas ni ruedas hechas para aplastar.
¿Qué me dices del espectáculo grandioso de los bosques
cuando refulgen como si fueran oro viejo? ¿Del color
gratuito? ¿De la generosa despedida?
¿Acaso no podía ser todo más sórdido, más gris? Un otoño
en el que las hojas se volvieran de color ceniciento y olieran
a perro muerto. Por ejemplo.

A veces me siento
como una de esas hojas grises de las que hablas
arrastrado por la vida
arrastrado por los días y las horas.
Arrastrado también por ti.
A veces me encuentro tan solo que siento todo el peso del mundo
los puños atados a la espalda.
Sólo los necios escribimos sobre la vida
a los triunfadores les basta con comerla
fruta rebosante de azúcar.

Quizás estoy más borracho de lo habitual. No te preocupes.
Me ayuda a soportar el peso de la vida.
No debía, no debía, lo sé, pero compadécete.
Los años me hieren como jabalinas.
Bastantes años es la mitad de la vida. Pero fue la mejor
de las mitades. La otra viene
cargada de moho y de temblores e incontinencias
y no precisamente verbales.
Y las pastillas nos aguardan, pequeños tesoros crujientes,
en sus brillantes envoltorios.
Todo se está yendo a la mierda tan inevitablemente
tan inevitable todo, ¿te das cuenta?,
como el canto de los grillos al final del verano
los gritos de los niños en la playa
cuando sus madres los lleven arrastras
como tú y como yo y como nuestros hijos
arrastrados todos de forma inclemente.

*Mi padre me dijo poco antes de morir, cuando ya apenas le
quedaba aliento, que alguna vez comprendería que la vida
era algo más que tiempo.*

También me dijo que si había un día en el que ciertamente me iba a morir, había otros mucho más en que no. Que no lo olvidara.

Y que sería muy feliz.

Y yo sólo quiero creer que tenía razón.

Me gustaría que te maquillaras como antes.
¿Recuerdas cuando te pintabas los pezones
con carmín. O ibas sin bragas bajo el vestido
para que yo pudiera vislumbrar la hermosa oscuridad?
El fuego nacía del corazón y de tus muslos
y ahora pretendes llevarme del ronzal
como un manso cabestro.
¿Por qué hemos de esperar al futuro
si ya lo tenemos consumido?
No future.
Acuérdate de los Sex Pistols. Antes te gustaban.
Por favor no te dejes arrastrar por el río de los días.
La rutina huele mal.

¿A dónde quieres llegar?

Quiero llegar a los cielos de cinabrio
que alguna vez anduvimos
y a la tensión de los muslos.
Y, por Dios, que no sean todo ruinas esparcidas
a nuestro alrededor que sólo tú pareces no ver.
O no querer ver.

Detesto a tus amigos.

Detesto a mis amigos.

Y en la desolación en que todos ellos han acabado.

Pero sobre todo me detesto a mí mismo

por haber sucumbido a lo que soy

por todo lo que alguna vez soñé.

Sigo sin saber a dónde quieres llegar.

En ciertas ocasiones nos íbamos de picnic tú y yo

y nos recostábamos sobre la hierba

y tú te compraste aquel vestido blanco

tan ajustado que parecías ir desnuda, como Marilyn

cuando cantó lo de Happy Birhday al presidente

y yo era el puto Jhon F. Kennedy, tan hermosa tú

que la vida se detuvo para verte pasar y yo temblaba

y tu madre dijo aquello de que parecías una fulana,

¿te acuerdas?

Mi vida era una mierda entonces

y tú la llenaste de luz y desasosiego.

El amor es desasosiego.

Cuando el desasosiego se marchita

llega la hora de la siega.

Aunque esta no es la cuestión y creo

que no merece la pena seguir.

La vi andando mientras regresaba esta tarde a casa.

Caminaba sola por el arcén de la autopista y algo todo muy triste en todo ella. Sin orgullo, pero con determinación.

Eso pensé durante el breve tiempo en que cruzamos la mirada. ¿Pensó ella algo de la persona que iba dentro del coche?

¿Tuvo acaso tiempo de verme?

Los suelos de una mujer están llenos de pasos perdidos y de renuncias… pero no va por ahí esta historia, sino de la mujer sin nombre que caminaba sola una tarde por la autopista Oviedo-Gijón dejando un rastro como si llevara grasa en la suela de los zapatos.

(De eso quiero que vaya la historia)

Por un momento pensé avisar a la policía.

¿Pero para decir qué?

¿Acaso no hubiera habido cierta traición en esa llamada?

Ella sólo quería desaparecer en el anonimato de una autopista. Era su dignidad y su decisión, ¿quién era yo para intervenir en una voluntad quizás ya vencida?

Así que no hice nada. La seguí por el retrovisor hasta perderla de vista.

Luego me sentí mal, sin entender muy bien por qué.

Nadie tiene la culpa. Supongo.

O sí.

Es difícil saber. Tan difícil todo

como recordar las fronteras cuando ya se han traspasado.

¿Dónde queda tu palabra. Tus palabras de amor, de entrega?
Palabra de poeta. Palabras huecas, hermosa cáscara vacía.
Y ahora caminas por la casa como un animal encerrado y yo
fuera tu carcelera, sin dirigirme una sonrisa, recluido en tu
mundo de vanidades y sueños truncados. Sin hacer caso a los
niños que ya te rehúyen. Malhumorado y ajeno como un viejo
artrítico.
¿No llegan tus éxitos, mi amor? ¿No llaman a la puerta los
periodistas para saber tu opinión ni las revistas te piden
artículos bien pagados, porque de los otros vamos sobrados?
¿Y tengo yo la culpa que no sea tu posible –y fíjate que digo
"posible"- incompetencia la culpable de tanto desasosiego
como te causa y nos causas?
Ahórranos los finales dramáticos, por favor.

Eres ruin y cicatera.
¿Sabías que Cervantes además de tener la mano izquierda tiesa
estuvo preso en Argelia y luego en Sevilla
y que sus hermanas eran medio putas
y que sus poemas ni fu ni fa
y de sus obras de teatro que le pregunten a Lope
y que cuando ya nadie daba nada por él

que de puro viejo se caía
escribió El Quijote?
¿Qué puede salvar a un hombre de sí mismo sino él mismo?
¿Quién de su incompetencia sino él?
Esta es mi fuerza y mi derrota. ¿Lo entiendes?
No necesito ese tipo de ayuda tuya, gracias.

Espero que no olvides que las derrotas, como los mapas,
una vez abiertos son difíciles de cerrar.

Un bulto.

be u ele te o

bul-to

cinco letras minúsculas

dos sílabas que apenas tardan un segundo en perderse

y sin embargo qué conmoción

la explosión

el corazón.

Recuerdo que lloraste mientras el médico te animaba.

Siempre es fácil dar ánimos ante el horror ajeno, ¿verdad?,

Tu hermoso pecho

       tan dulce a la boca

              tan alimento de nuestros hijos

y dos sílabas que apenas tardan un segundo en volar al aire

en volarte la vida

en volárnosla.

Comenzaste a llorar en silencio.

Las lágrimas en tus mejillas

y yo no sabía cómo atajar aquel dolor rodante

aún más aterrorizado que tú.

Recuerdo aquella mañana y la consulta en el hospital.

*Y también recuerdo que la luz entraba por la ventana y
nos bañaba con su amigable presencia. Hacía un tiempo
espléndido. Y yo estaba allí sentada dispuesta y sumisa
como quien va a escuchar su sentencia.*

Culpable o Inocente.

Y me cogiste de la mano.

Tu desconcierto era tan grande que aminoró el mío.

Oh mi amor oh mi amor.

*Pero tú estabas fuera del barco y yo dentro. Y el barco había
chocado contra una mina.*

Eso nunca dejé de saberlo.

*Como nunca dejé de saber que era preferible que tú
estuvieras fuera y yo dentro, no por tonta generosidad, sino
por puro cálculo de probabilidades.*

*Ya sabes lo que dicen de las mujeres y de nuestra legendaria
resistencia extrema: sólo pensaba en los niños.*

Algunas tardes añorábamos
el tiempo de la vejez mientras leíamos
"Cumbres Borrascosas" como si fuera lícito
tener nostalgia del futuro.
Recuérdalo.
La confirmación cierta de seguir juntos, la familia y todo eso,
mirando cómo los leños crepitaban en la chimenea
de la casita que habríamos de tener junto al mar
o en lo alto de cualquier ciudad hermosa y antigua.
Nuestros planes planeaban
sobre el viejo sofá donde follábamos a todas horas
tras haberte escapado con tu poeta-barbudo- donnadie.
Y en aquel deseo nuestro bullía
toda la irreverente venganza que anida
en el corazón a los veinte años.
Todo puede ocurrir a los veinte. Y más.

Al final mis padres se murieron antes de tiempo para
comprobar cuánta razón tenían en sus catastróficas
predicciones materiales. No Money.
Y también demasiado pronto para entender que su querida
hija podía ser feliz en un piso de alquiler sin otras vistas que

un patio de luces de cuyas ventanas en las tardes de verano,
entre ropa colgando, un niño gritaba con su espada de
plástico:
¡Soy el rey del Universo!
¡Soy el rey del Universo y todo él me pertenece!
Creo que entonces éramos plenamente felices sin saberlo.

En la ignorancia nunca hay disfrute, amor.
Eso es lo que pienso.
Yo te quiero más y mejor ahora. Supongo.
Cuando me despierto y ahí estás tú
a mi lado
dormida en la inconsciencia líquida del sueño
navegando como un pequeño barco
por tu propio laberinto de sinsabores diarios
más plena y mejor
más sólida que cuando llevabas aquella blusa
con la cara de John Lennon y me preguntaste
si tú yo tendríamos algún futuro.
Y yo te dije: el futuro somos hoy.
Pues bien. Hoy sigue siendo el futuro.
Esto es lo mejor que un marido puede decir a su esposa.

¿Lo sabías?

Acabo de leerlo: una décima parte del placer.

Eso dice el viejo Tiresias.

Una décima parte lo que yo siento frente a lo que te doy.

Una décima y ahí seguimos insistiendo

tozudos como carneros a la luz

que trae la tarde

en los primeros destellos del día

a la noche

imaginando alcanzar al fin el eco de vuestro goce

queridas putitas chillonas

insistiendo

insistiendo vanamente una y otra vez

necios iracundos.

El viejo Tiresias era viejo y era hombre. Cómo fiarse de un hombre viejo que habla del placer de las mujeres. Apenas un eco. Apenas una represalia a sus impotencias.

Anda, vayámonos, querido, a beber a los bares viejos y de hombres y luego, si aún estás en forma, compartiremos nuestros desajustados e injustos porcentajes.

El invierno también es la estación más hermosa.
Hay algo en el aire y luego están las voces con su resonancia
rebotando contra las paredes como si fueran de goma o
enloquecidas pelotas de ping pong.
¿No sé si te has fijado?
Es el invierno y sus cosas y la nieve trasformando el mundo
como hombre ninguno ha sido capaz de hacer con sus manos.
De niña mi padre me llevaba a las colinas que rodeaban la
ciudad. Ascendíamos a pie entre la bruma que cubría los
árboles: avellanos y castaños y robles y otros que no recuerdo,
también el musgo que enverdecía las grises piedras y de golpe
la lluvia era aguanieve y luego las pequeñas escamas blancas
que cubrían mi cabeza temblando hasta que ya sólo estaba mi
pelo mojado.
Siempre tuve la certeza de que la nieve trasforma el corazón
del hombre y lo devuelve a la infancia.

¿Recuerdas mi poema?

No

La nieve, los copos cayendo
breve aleteo
de la mariposa
que una vez tuvimos entre las manos
allá cuando los días eran luminosos y efímeros
sin saberlo
como la nieve, los copos cayendo.

Allí estaba ella furiosa bajo su paraguas negro
la mano levantada sin que ningún taxi se detuviera.
Llovía de una forma desconsolada y mordaz. Me detuve
y me ofrecí a llevarla en coche.
¡Qué hermosos los ojos enfurecidos de una mujer
cuando uno no es el objeto de su ira!
Abrí la puerta y le pedí que subiera.
Y este día que había resultado tedioso
gris y rutinario
se transformó en algo luminoso,
fulgurante de vida y tibia alegría
cuando me sonrió y me dio las gracias.
(Es cierto que era muy hermosa)
Pasaba de las tres de la tarde y, de no haber sido por ella,
jamás hubiera recordado la existencia de una tarde así
aquella letanía de la lluvia sobre el capó del coche
el cielo negro de alquitrán
el ruido del limpiaparabrisas cuando ella entró…

¿Y para qué me cuentas esto?

No lo sé.

Quizás para que atiendas a las rozaduras de mi corazón. Y también para que sepas que ha olvidado su paraguas en el coche.

He leído en la prensa que hoy es el aniversario de la muerte
de Machado.
¿Lo sabías?
Y no he podido dejar de pensar
en sus días azules
en el sol de nuestra infancia
y en este país que no puede ser país y así los Colliures
el cuchillo levantado y el grito
este odio que brota del subsuelo de España
como un insaciable insecto
la envidia y la crueldad
estos ojos de mi patria
la miseria de corazón la ausencia de compasión
este cansado cansancio
de ser español porque no queda otra.
A veces pienso que deberíamos largarnos
donde nadie nos conozca
donde no sepan nuestro origen
ni teman el contagio de la sangre.

Ya es demasiado tarde, querido, para todo o para casi todo.

Mejor quedarse al recuerdo de cuando aún no teníamos
patria.

Hagamos lo que hagamos, tenlo por cierto, alguien ya nos
estará envidiando por ello y, tenlo también por cierto, nos
tendrá en su punto de mira.

Certeros caínes.

Así que ven y bésame como si fuera tu novia primera y
después de amarnos tomaremos helado de chocolate
y vainilla y daremos un paseo y hablaremos del viejo y
querido Antonio que se fue a morir tan lejos y tan solo y tan
sin patios de luz.

Quiero decirte algo.

Quizás no sea más que una torpe declaración de amor.

Quizás pero tú ya conoces

mis aturdidos devaneos en estos asuntos

y es que todo lo que tengo quiero que sepas

mi vida

los sueños

los amaneceres y las tardes grises

los esplendores de la yerba tardía y las hojas de primavera

hasta los miedos y mis fracasos

y también la risa

quiero que sepas que todo ello

que es todo lo que tengo –ya sé que no es mucho–

es tuyo.

Es cierto que ya no poseo la delicadeza del vuelo

de los pájaros de entonces

y la piel comienza a tener ese leve olor a moho

de las habitaciones largo tiempo cerradas

de la ropa mojada por los años

quiero que sepas que toda mi vida es tuya

y que sólo la muerte

quiero egoístamente mía, sólo ella.

Eso era lo que quería decirte un día en que como siempre
los telediarios se han olvidado de hablar de nosotros
que a nuestra manera sencilla seguimos
alumbrando el mundo
como tantos otros.
No sé si esto es una declaración de amor
pero es lo que tengo.

Después de tantos años. Mi pequeño príncipe hermoso.
¿Te acuerdas de Josefa?
Vivía justo en el piso de arriba. Caminaba con muleta y
llevaba sobre los hombros una toquilla de lana gris. ¿La
recuerdas?
Un lluvioso día de invierno mientras tomábamos un café me
contó que su esposo se lo había dado todo salvo la muerte
y que ella jamás se lo había perdonado porque su vida sin la
suya había sido una muerte prolongada.
Al principio sus palabras me escandalizaron. No entendía.
Luego me parecieron la declaración de amor más hermosa
como si las estrellas todas hubieran bajado a alumbrar la
cocina donde tomábamos aquel café.
Y ahora vienes tú y me cuentas lo mismo, y no sé qué
decirte.
Sólo que, a pesar de todo y de ti mismo y de tu poesía (¡es
broma!) sigo ansiando la hora de despertar cada mañana y

encontrarte a mi lado, aunque todo esto suene romántico y trasnochado.

Tal vez esto del amor, como los vinos, o se avinagran cuando son jóvenes o maduran olorosos en sus viejas barricas del día a día.

Y tú y yo, querido, en eso estamos.

Con esto creo que es más que suficiente para el amor.

© de los textos: Miguel Rojo
© de la fotografía de portada: Iyán Rojo
© de la edición: EOLAS EDICIONES

Diagramación: contactovisual.es
Fotografía de portada: 'Bianco noir' de Iyán Rojo
ISBN: 978-84-10057-48-7
Deposito legal: LE 208-2024
Impreso en España - Printed in Spain